LA
QUESTION ARMÉNIENNE

PAR

L. MARILLIER

PARIS

LIBRAIRIE FISCHBACHER

33, Rue de Seine, 33

—

1897

LA QUESTION ARMÉNIENNE

Au mois de novembre 1894, des dépêches adressées de Varna, qui parurent dans divers journaux anglais, annonçaient que dans la région des Sassounkh (c'est un district montagneux du vilayet de Bitlis, situé dans la partie méridionale de la Grande-Arménie), d'épouvantables massacres avaient eu lieu dans les mois d'août et de septembre. Un rapport du consul d'Angleterre à Erzeroum confirmait, disait-on, les faits ; les victimes étaient au nombre de plusieurs milliers et, toutes, elles appartenaient à la race arménienne ; les auteurs des massacres, c'étaient, affirmait-on, des Kurdes nomades, aidés dans leur œuvre destructrice par des soldats turcs. Des démentis officiels et officieux d'origine ottomane furent publiés et en même temps arrivaient à la presse anglaise et aux journaux du continent des détails toujours plus nombreux et plus précis, qui ne laissaient plus place au doute. Il semblait fort probable au premier abord que les faits avaient été exagérés, que l'on avait grossi le nombre des victimes, que l'on avait multiplié les traits de férocité brutale dont les massacres avaient été marqués et que l'on avait assigné aux troupes régulières et à la gendarmerie un rôle plus activement cruel que celui qu'elles avaient eu en réalité; on était enclin à penser en Europe que c'était par inertie seulement et mollesse qu'avaient péché les autorités locales, et que, pour avoir attiré sur eux un aussi effroyable châtiment, il fallait que par leur attitude provocatrice vis-à-vis de leurs voisins Kurdes et leur insoumission envers les fonctionnaires turcs, les Arméniens l'eussent en partie mérité;

mais la réalité des massacres, on ne pouvait plus raisonnablement la contester et on était bien contraint d'admettre, en dépit des dénégations ottomanes, que toute cette vaste région montagneuse du Sassoun et du Talori avait été dévastée, que les villages avaient été incendiés, la population dispersée à travers les forêts et les montagnes, les récoltes détruites, et que des femmes et des enfants étaient tombés sous les coups des Kurdes et des Turcs à côté de leurs mères et de leurs pères. Mais les rapports consulaires et les dépêches diplomatiques qu'on a publiés depuis lors montrent jusqu'à l'évidence que les récits des événements, qui semblaient dramatisés à plaisir, ne reflétaient qu'imparfaitement l'horreur des massacres, telle que nous la révèlent dans leur froideur officielle les documents authentiques. Et l'enquête faite à Mouch par une Commission de fonctionnaires turcs, sous le contrôle de représentants de la France, de la Russie et de l'Angleterre, est venue, en dépit de la partialité des commissaires ottomans et des obstacles de toutes sortes qu'ils ont opposés à l'examen sérieux et désintéressé des faits et à la libre production des témoignages, confirmer pleinement dans leurs traits essentiels les relations que les missionnaires et les agents des gouvernements européens en avaient données. Ce qui surtout est ressorti nettement des travaux de la Commission, c'est que les Arméniens, las d'être pillés par les Kurdes, n'avaient fait que se défendre contre leurs incursions continuelles, et que, tant que cela avait été possible, ils avaient cherché à satisfaire à leurs exigences, et leur avaient libéralement fourni blé, moutons, vêtements, literie, fourrage, argent, etc., bien loin de tenter de provoquer un conflit ; c'est aussi que les soldats et les gendarmes turcs ne sont intervenus dans la lutte que lorsque les Kurdes commençaient à avoir le dessous, qu'ils ont pris le parti des agresseurs et qu'à l'envi des Kurdes, ils ont massacré, non seulement des paysans armés, mais des prêtres, des vieillards, des enfants et des femmes, et que ces femmes ils les ont souvent indignement outragées avant de les tuer.

Pour comprendre ce qui s'était passé, il convient de remonter quelque peu en arrière et tout d'abord de rappeler en quelques mots ce que c'est que l'Arménie et que les Arméniens. Le mot d'Arménie n'est plus aujourd'hui qu'une expression géographique ; l'antique royaume d'Arménie est bien mort et il ne peut être question de le ressusciter maintenant que les Arméniens sont en minorité dans chacune des provinces qui le composaient. Ils constituent néanmoins encore dans l'Arménie turque, et c'est de celle-là seule que nous avons à parler, le fond même de la population chrétienne. Dans les six vilayets de Van, Erzeroum, Bitlis, Mamouret-ul-Aziz, Diarbékir et Sivas, et dans une partie des vilayets d'Alep, d'Adana et de Trébizonde, ils forment des groupes compacts; dans l'Anatolie occidentale, il y a de nombreuses colonies arméniennes, dans le vilayet surtout d'Angora. A Constantinople, les Arméniens sont au nombre de plus de 200 000 et certains quartiers sont peuplés exclusivement par eux. Il y a au total plus de 4 millions d'Arméniens, dont deux millions et demi environ sont sujets du Sultan, les autres sont répartis entre l'Arménie russe, les provinces arméniennes de la Perse et ces multiples colonies arméniennes dispersées un peu partout à travers le monde, des États-Unis jusqu'à l'Inde.

Les Arméniens sont une race intelligente, sobre, économe et dure au travail; doués au plus haut degré du génie commercial, ils ont montré pour toutes les espèces de trafic des aptitudes exceptionnelles, mais jamais ils ne se sont éloignés du travail de la terre, et la profession, qui est parmi eux le plus en honneur, est encore celle d'agriculteur. Très attachés à leur Église et à leurs traditions nationales, ils n'aspirent pas à une indépendance que leur répartition géographique rend impossible, mais ils souhaiteraient que des réformes fussent opérées dans le régime auquel ils sont soumis et que désormais leurs vies, leurs biens, l'honneur de leurs femmes et de leurs filles fussent à l'abri des violences, des passions brutales et de la rapacité de leurs voisins Kurdes, Lazes et Tcherkesses, violences que ne répriment point les fonctionnaires turcs, coupables eux-mêmes trop souvent de brutalité et d'injustice envers les sujets chrétiens de leur maître, qu'ils réduisent parfois à la misère par la perception arbitraire et capricieuse d'un système de taxes ruineuses, entièrement disproportionnées à la richesse réelle des contribuables. Ils appartiennent en majorité à l'Église nationale arménienne ou Église grégorienne; il y a environ 200 000 Arméniens catholiques, 60 000 Arméniens protestants. Tous ont pour leur foi un attachement passionné et les tentatives qu'on a faites auprès d'eux pour les convertir à l'islamisme se sont toujours heurtées à leur résistance obstinée; les conversions se sont multipliées depuis deux ans, mais elles ont été opérées par la force, sous des menaces de mort, ou arrachées par la torture, en dépit des traités qui garantissent dans tout l'empire ottoman la liberté de conscience et de culte.

Il n'est pas de race où les vertus de famille soient plus en honneur et par la pureté de leurs mœurs les Arméniennes se placent au premier rang parmi les femmes d'Orient. Les vices indéniables que l'on rencontre chez bon nombre d'Arméniens des villes et dont est au reste exempte la population des campagnes, c'est à la vie d'oppression qu'ils ont dû subir qu'il les faut attribuer; encore doit-on dire qu'ils leur sont communs avec tous ceux que l'existence incertaine et périlleuse, à laquelle les condamnent les procédés arbitraires des fonctionnaires ottomans, oblige à des ruses toujours renouvelées et à des manifestations sans cesse répétées d'obéissance presque servile. Nulle population n'a souffert davantage de cette obligation de tout accepter, de tout subir que cette race arménienne naturellement courageuse et fière.

Ce qui rend la situation des Arméniens de Turquie particulièrement difficile, c'est qu'ils vivent mêlés aux plus barbares des sujets musulmans du Sultan, aux Kurdes et aux Lazes qui ont conservé les mœurs guerrières, les habitudes de pillage des anciens âges. L'Arménien cultive les champs et élève des troupeaux, mais c'est trop souvent pour emplir les greniers et les étables de ses belliqueux voisins. Certains villages arméniens ont réussi à se soustraire à ces continuelles déprédations et à assurer contre les attaques à main armée des bandes de cavaliers nomades la sécurité de leurs femmes et de leurs enfants en consentant à payer à un agha kurde un tribut régulier, et comme les Kurdes avaient tout intérêt à ne pas réduire à la misère et au désespoir ceux dont le travail les faisait vivre, ils imposaient eux-mêmes une limite à leurs exactions. Cette limite, c'étaient eux seuls qui se pouvaient obliger à ne la point franchir, puisque, d'une part, il était et il est encore interdit aux Arméniens de porter des armes et qu'ils ne peuvent qu'avec de fort grands risques enfreindre cette défense, et que d'autre part un chrétien n'avait guère à espérer, surtout dans les vilayets reculés, comme ceux de Bitlis ou de Van, de trouver auprès des tribunaux turcs une impartiale justice ni auprès des fonctionnaires impériaux une efficace protection.

Deux nouveaux faits vinrent encore ajouter à l'insécurité des conditions où vivaient les Arméniens. A la suite des conquêtes de la Russie et de l'annexion successive à ses provinces du Caucase de nouveaux territoires, les Circassiens musulmans passèrent en nombre considérable sur le territoire turc en même temps qu'un courant d'émigration s'établissait des vilayets arméniens vers la Transcaucasie russe. Les terres vacantes furent attribuées en Anatolie à ces nouveaux venus, qui ne tardèrent pas à se montrer pour les chrétiens qui vivaient à leur contact d'aussi incommodes voisins que les Kurdes et les Lazes.

D'autre part, le Sultan actuel, Abd-ul-Hamid, eut l'idée d'organiser en régiments de cavalerie irrégulière un certain nombre des tribus de Kurdes nomades qui vivaient le long de la frontière persane ou russe et jusque dans les montagnes qui bordent les vilayets de Diarbékir et d'Alep. Dès lors, objets de la faveur spéciale du souverain, commandés par des officiers dont le crédit était puissant à Constantinople, chargés de la mission de confiance de défendre la frontière, les Kurdes qui furent encadrés dans ces corps de cavalerie « Hamidieh » jouirent d'une impunité plus complète encore que par le passé pour toutes les exactions et tous les méfaits dont ils pouvaient se rendre coupables envers leurs paisibles voisins. Ils les rançonnèrent comme auparavant et les pillèrent par surcroît.

Il n'y a pas cependant partout des Kurdes, des Lazes ou des Tcherkesses, et les Arméniens des villes vivaient dans une relative sécurité, bien que l'on dépouillât assez souvent jusqu'aux abords de la capitale d'une province les marchands qui allaient pour leur commerce d'une ville à l'autre, et cela sans que des répressions bien énergiques ou bien sérieuses intervinssent, si les victimes des vols, ou même des meurtres, n'étaient que des chrétiens.

Mais le gouvernement turc, irrité dès longtemps contre ses sujets arméniens, qu'il soupçonnait à tort de vouloir constituer l'Arménie en un Etat indépendant et souverain, mécontent des aspirations vers une vie plus libre et tenue mieux à l'abri de la tyrannie et des exigences cupides des fonctionnaires locaux dont était animée une jeunesse où avaient pénétré nos idées de liberté et de progrès et qui était venue chercher dans les écoles de France, de Suisse et d'Angleterre notre culture européenne, sentit s'accroître encore son mécontentement et sa colère, à la suite du traité dont en 1878 les grandes puissances réunies en congrès à Berlin lui imposèrent l'acceptation. Par l'article 61, la Sublime-Porte s'engageait « à réaliser sans plus de retard les améliorations et les réformes qu'exigent les besoins locaux dans les provinces habitées par les Arméniens et à garantir leur sécurité contre les Circassiens et les Kurdes ». Elle devait donner connaissance périodiquement des mesures prises à cet effet aux Puissances signataires qui avaient à la fois le droit et le devoir d'en surveiller l'application.

L'Europe, absorbée par d'autres soucis, semblait se désintéresser quelque peu de la question arménienne; de réformes, on n'en fit point, et les mêmes excès dont les Arméniens avaient eu jusque-là à souffrir, ils eurent à en souffrir encore, mais les représentations des ambassadeurs se firent plus nombreuses et plus vives que par le passé et le double sentiment se développa dans l'esprit du Sultan que les Arméniens étaient des sujets déloyaux, dont la présence sur le sol d'Asie était pour lui une source continuelle d'ennuis, d'embarras et d'humiliations, et que cet appel qu'ils avaient fait à une protection étrangère ne leur servirait à rien, puisque l'Europe semblait bien décidée à ne jamais intervenir en leur faveur que diplomatiquement.

Le résultat, ce fut qu'en parfaite communion d'idées avec leur maître, les fonctionnaires ottomans redoublèrent de rigueur et d'injuste hostilité envers les Arméniens ; ils multiplièrent envers eux les futiles et insupportables tracasseries, et souvent les persécutions : ils les surchargèrent arbitrairement d'impôts, ils les jetèrent en prison sous les plus frivoles prétextes et ne les remirent en liberté qu'à prix d'argent, ils les livrèrent sans défense aux rancunes de la population musulmane, qui les haïssait souvent plus encore comme créanciers que comme chrétiens, à la rapacité des Kurdes indigènes et des colons Tcherkesses.

Quelques faits feront bien comprendre sous quel régime il fallut que la plupart des Arméniens se résignassent à vivre. Je dis la plupart, car il est certain que parmi les fonctionnaires turcs, tous ne se laissèrent pas entraîner à commettre ces abus, qui semblaient, tant ils étaient devenus coutumiers, avoir revêtu je ne sais quelle valeur légale ; il en est, hommes éclairés et intègres, qui comprirent toute l'étendue des devoirs qui leur incombaient et qui s'en acquittèrent avec une décision rare et un admirable courage. Mais ils furent le petit nombre et beaucoup sans doute d'entre leurs collègues auraient jugé vraie cette opinion d'un vali : « C'est à coup sûr une coutume illégale que de se laisser corrompre, mais, après tout, c'est une coutume », et il semblait ajouter qu'à toutes les coutumes il est sage de se conformer.

Mais voici quelques exemples choisis entre mille. Un prêtre de Chimishgesek est emprisonné parce que de grandes foules se réunissent autour de lui, attirées par son éloquence, lorsqu'il prêche à l'église d'Eghin ; un jeune homme d'Eghin est condamné à deux ans de prison, parce qu'on a trouvé chez lui un recueil de chants nationaux ; Garabet Hazarian se voit infliger un emprisonnement de cinq ans, parce que dix-huit ans auparavant, (il avait alors dix ans), il s'est servi en écrivant à son professeur d'un langage suspect ; Mochédar Kasghanian à un emprisonnement de dix-huit mois pour avoir employé dans une lettre écrite à son père, il y avait dix ans de cela, des expressions patriotiques. Le pasteur Mardiros est condamné à quinze ans de servitude pénale, parce qu'un paysan illettré lui ayant montré un placard séditieux et l'ayant prié de le lui lire, il s'est contenté de l'engager à le détruire et à ne plus s'occuper de pareilles choses, au lieu d'aller le dénoncer aux autorités locales. Trois frères, dont l'un vivait à Biredjik, l'autre à Alep et le troisième à Alexandrette, possédaient à eux trois une carrière de pierres, située dans les montagnes, près de Beilan. Celui qui habitait Alexandrette adressa à l'un de ses frères le télégramme suivant : « Envoie-moi de l'argent. J'ai besoin d'aller à la montagne. » Ce message fut intercepté par la police, qui crut y découvrir comme une odeur de conspiration. Les trois frères furent arrêtés et envoyés à Constantinople. Vingt écoliers de Sivas passèrent deux mois en prison : on les avait crus affiliés à un comité révolutionnaire, parce qu'ils avaient formé entre eux une association dont le but était de procurer aux enfants pauvres les fournitures scolaires indispensables. En décembre 1891, huit Arméniens de Palou sont condamnés à sept ans de prison, sous le prétexte qu'ils ont essayé de soulever une sédition contre le gouvernement; leur crime se bornait en réalité à avoir tiré quelques coups de pistolet pour effrayer des voleurs qui tentaient de pénétrer la nuit par effraction dans une maison de leur quartier. La famille d'un commerçant de Hasso est massacrée par les Kurdes pendant un voyage qu'il fait à Constantinople; il obtient des ministres et du Sultan même l'ordre qu'on poursuive les coupables, mais lorsqu'il retourne dans son pays, c'est lui qui est chargé de coups, banni du vilayet de Bitlis et finalement jeté en prison. Un agent de la police militaire est tué à Saïrt par des soldats turcs; pour n'avoir point à sévir contre eux, et en dépit de témoignages formels, on fait peser la responsabilité du meurtre sur des Arméniens, qui sont tout aussitôt emprisonnés.

Et ces malheureux, que des motifs futiles ou mensongers conduisent en prison, qui y languissent des mois et des années, en attendant qu'on les veuille bien juger et sans savoir même de quoi ils sont inculpés, auxquels les Turcs qui partagent leur captivité font subir les plus cruels et les plus humiliants traitements, leur vidant des ordures sur la tête, les frappant à coups de poing et parfois de couteau avec l'approbation, quelquefois explicite, des geôliers, ces malheureux, dis-je, condamnés à vivre au milieu des immondices, n'ayant souvent pas de lits, à peine vêtus, nourris à peine, sont soumis parfois, en outre, à d'atroces tortures.

Le kaïmacam de Tchoroum voulait faire signer son interrogatoire à un prisonnier qui s'y refusait; pour vaincre son obstination, il eut recours aux procédés suivants : 1° On commença par le battre jusqu'à ce qu'on lui eût brisé sur le dos trois gros bâtons et qu'il se fût évanoui de douleur; 2° on lui rasa la tête et on creusa dans la peau de son crâne un trou où l'on fit entrer de force une coquille de noix à demi pleine de vermine, en appuyant dessus avec une lourde pierre. Le prisonnier s'évanouit plusieurs fois, on le fit revenir à lui avec des cordiaux et, lorsqu'il avait repris connaissance, on recommençait; 3° pendant toute une nuit, il fut suspendu par la tête et les jambes à deux chaînes tendues; 4° durant une autre nuit, on le pendit par le cou, de telle sorte que la pointe seule de ses pieds touchât terre; 5° enfin, on passa à ses chevilles des anneaux de fer rouge.

Dans les villes, ce sont de perpétuelles émeutes, dans les

campagnes des razzias incessantes opérées par des bandes kurdes ou tcherkesses; les gendarmes et les soldats interviennent à coups de fusil pour rétablir l'ordre, mais c'est sur les Arméniens qu'ils tirent, et lorsque quelques-uns des leurs gisent sur le pavé, que les boutiques ont été pillées, que les Kurdes ou les Turcs s'en retournent chez eux chargés de butin, emmenant même parfois avec eux quelques jeunes Arméniennes, qu'ils enfermeront dans leurs harems ou vendront sur les marchés lointains de la Perse, on jette en prison les Arméniens, qui ont commis le crime d'avoir défendu leurs marchandises, leurs maisons, l'honneur de leurs femmes et parfois leur propre vie; les notables qui n'ont point été mêlés à la lutte les rejoignent dans leurs cachots : ils ont de l'argent, c'est là une raison pour ne passer jamais pour tout à fait innocent, pour être arrêté souvent et n'être point condamné.

En un pays où des conflits de cette nature ne sont point rares, il n'est pas surprenant que des événements, comme ceux du Sassoun, dont la paradoxale atrocité étonne tout d'abord, aient pu aisément se produire; la chose étrange, c'est qu'au milieu de cette vie de servitude, de misère et de terreur que les Arméniens devaient vivre, il n'ait point apparu plus tôt l'une de ces journées tragiques qui ont marqué d'ineffaçables traits l'automne de 1895, et où la population chrétienne d'une ville entière a été livrée en proie, par ceux même qui la devaient défendre, aux appétits brutaux et cupides d'une foule fanatisée, qui croyait en pillant, en incendiant, en violant, en tuant, n'obéir qu'à sa conscience; tuer et voler des ghiaours, n'était-ce point pour ces Turcs et ces Kurdes, ignorants et barbares, faire leur devoir de loyaux sujets et de bons musulmans?

Mais au début du moins, alors que les Turcs n'étaient point encore enivrés par le sang, que les Kurdes ne s'étaient pas laissés entraîner à la folie de tuer systématiquement ceux dont ils tiraient le plus clair de leurs revenus, ils conservaient à leurs pilleries un semblant d'ordre et de légalité. Il fallait pour légitimer ces tueries en masse que les victimes eussent été capables d'opposer aux attaques de ceux qui venaient leur enlever leurs troupeaux, leurs récoltes et leurs femmes, brûler leurs maisons et les réduire à la famine, l'apparence au moins d'une résistance armée qui se prolongeât plus de quelques heures.

Or, il n'était guère dans toute l'Arménie que deux points où une résistance de cette sorte fût possible : la région des Sassounkh et le pays de Zeïtoun, dans les montagnes de l'Anti-Taurus. C'étaient, en effet, les deux seules régions où les Arméniens eussent conservé, non pas sans doute des franchises locales, ni rien qui ressemblât à une autonomie, mais du moins la jouissance, troublée parfois par des luttes à main armée contre leurs voisins nomades Kurdes, Turcomans ou Tcherkesses, des libertés les plus élémentaires, celle de n'être point pillé, de n'être point massacré, de ne pas courir le risque, en rentrant chez soi, de trouver sa maison dévastée ; ils étaient distribués en groupes très denses, avaient gardé l'habitude de porter des armes et, moyennant le paiement de tributs réguliers aux aghas kurdes, ils vivaient en bonne intelligence avec les musulmans sédentaires, établis auprès d'eux, et les *achirets* des nomades. Les montagnards de Zeïtoun s'étaient même affranchis de tout tribut.

Mais ce n'étaient pas seulement aux exigences des Kurdes que les Arméniens des Sassounkh devaient faire face, c'était aussi à celles des collecteurs de taxes ottomans ; et jusqu'à ces dernières années, ils payaient régulièrement les impôts établis par le gouvernement turc et qui étaient fort lourds. Ils étaient d'autant plus difficiles à porter que la plus faible part des taxes perçues rentrait dans les caisses de l'Etat ; les impôts étaient, en effet, mis en adjudication et souvent achetés, pour gagner la faveur d'un vali, au-dessus de leur valeur prévue au budget, et il fallait que l'acquéreur fût fidèle à son marché et qu'il réalisât encore des bénéfices, on peut deviner au prix de quelles exactions. On donnait au fermier des taxes des zaptiehs (gendarmes) pour l'aider à entrer en possession de ce qu'il avait acheté, et un rapport consulaire sur la perception des impôts dans la plaine de Mouch, en août 1895, fournit entre mille un exemple de ce qu'avaient à souffrir pendant ces tournées fiscales ceux des habitants qui, réduits à la misère ou razziés par une bande kurde, ne pouvaient satisfaire aux exigences des agents du fisc ; l'habitude, au reste, se prenait de ces procédés brutaux qui devinrent très vite un mode normal et presque légal de perception. Les hommes étaient battus et jetés en prison ; on leur barbouillait par un jeu cruel le visage d'excréments humains ; la nuit, on arrachait de leurs lits les femmes et les jeunes filles et elles devenaient la proie des hommes de police. Le bétail était saisi et vendu au quart de sa valeur. Le collecteur de taxes avait, du reste, un arrangement avec les bouchers de Mouch pour leur vendre la viande à bon marché.

Ce qui s'est passé dans les Sassounkh devient alors assez aisé à comprendre. Déjà, en 1893, quelques violences avaient préludé aux grands massacres de 1894. Les agents du fisc étant venus se faire payer, les Arméniens leur répondirent qu'il leur fallait du temps, qu'ils ne pouvaient acquitter leurs impôts, que les Kurdes qui, depuis la formation des régiments Hamidieh, redoublaient d'exigences, avaient tout emporté. On ne tint nul compte de ces trop légitimes réclamations. Quatre otages furent pris dans les principaux villages et on les conduisit à Semal, puis à Mouch; on les soumit à d'affreuses tortures, on les pendit par les pieds, on leur brûla les pieds, la poitrine, la langue et le front avec des fers rouges. Trois d'entre eux en moururent, le quatrième vécut dès lors dans la prison de Mouch pour y connaître de plus cruels supplices encore.

Les familles riches du pays, terrifiées, payèrent l'impôt pour tout le monde, mais les Kurdes revinrent à leur tour, tribu après tribu, et il arriva un moment où les Arméniens, incapables de plus rien donner et las d'être battus, firent résistance. Une bataille s'engagea où il y eut quelques hommes tués de part et d'autre. Les Kurdes, qui semblent avoir été encouragés sous main par le gouverneur de Bitlis, s'étaient retirés; ils reparurent bientôt accompagnés de leurs compatriotes Hamidieh.

Le gouvernement turc, qui savait qu'un agitateur arménien, qui se faisait appeler Mourad, était dans le pays, prêchant la résistance aux injustes exactions, et qui craignait qu'un foyer de révolte ne s'allumât en cette lointaine région, n'était pas fâché que les razzias des Kurdes réduisissent les Arméniens des montagnes à la misère et à l'impuissance. Les Arméniens, vaincus dans la lutte nouvelle, se dispersèrent dans des directions diverses, tandis que les Kurdes et les Hamidieh pillaient leurs maisons abandonnées.

Ils allèrent implorer l'appui du vali de Bitlis, qui refusa de s'occuper de l'affaire, mais avisa son collègue de Diarbékir, Mustapha-Pacha, qui arriva bientôt dans les Sassounkh, à la tête d'un détachement de troupes régulières et enleva aux Kurdes le bétail et les objets qu'ils avaient volés. Rien de tout cela ne fut rendu aux Arméniens et le vali rentra à Diarbékir avec son butin. L'hiver vint, et avec lui, la cessation des hostilités.

Pendant l'été suivant, la perception des impôts se fit avec une rigueur nouvelle ; les collecteurs des taxes extorquèrent à coups de courbache à ces malheureux paysans ruinés le peu qu'ils possédaient encore.

Puis ce fut le tour des Kurdes de venir se remplir les mains. Mais, cette fois, la résistance des Arméniens fut encore plus acharnée, et, après une lutte qui dura plusieurs jours avec des alternatives diverses, ils contraignirent les Kurdes à reculer. Les villages de Schenek et de Semal étaient en flammes, les femmes et les enfants s'étaient réfugiés au milieu des rochers presque inaccessibles de l'Andogh-Dagh, et, retranchés à Guellieh-Guzan, les Arméniens attendaient une nouvelle attaque.

Tout cela se passait sous les yeux des troupes régulières, qui, campées dans la plaine de Mouch, assistaient impassibles à ces sanglants combats. Sur les supplications des Kurdes, elles se décidèrent à intervenir. Et c'est alors que commença le massacre. Tout d'abord les réguliers prirent la précaution de revêtir par dessus leurs uniformes des vêtements kurdes, mais bientôt ils renoncèrent à ce stratagème, et marchèrent côte à côte avec les pillards contre les paysans qui défendaient leurs foyers. Les villages furent canonnés quatre jours, puis leurs défenseurs s'enfuirent sur l'Andogh-Dagh et dans la forêt de Dalvorik, pourchassés par les troupes turques. Soixante femmes et jeunes filles furent emmenées dans l'église de Guellieh-Guzan, où elles furent d'abord violées par les soldats, puis massacrées. Ces tueries, où n'étaient pas épargnés même les enfants, où on éventrait les femmes enceintes, se répétèrent dans toute la forêt de Dalvorik.

Cependant, beaucoup de fuyards avaient réussi à se cacher dans les retraites solitaires de la montagne. Les soldats recommencèrent leurs recherches en leur criant : « Arméniens, Arméniens ! devenez sujets par Dieu, par le Prophète, par le Christ ! » c'est à dire : Venez vous soumettre, nous vous promettons paix et tranquillité. Un grand nombre de ceux qui s'étaient enfuis se fièrent à ces mensongères promesses, ils furent impitoyablement massacrés. Les gens de Dalvorik, femmes, enfants et vieillards, qui s'étaient réfugiés dans l'église, eurent à subir les plus affreuses tortures, puis furent mis à mort. Des femmes, pour échapper aux brutalités et aux appétits des soldats, se précipitèrent du haut des rochers, cherchant pour leur honneur un abri dans la mort. Un prêtre, le père Ohannès, de Semal, avait réuni 150 à 200 de ses fidèles, les allant chercher de rocher en rocher, et avait réussi à leur persuader de faire soumission aux officiers turcs et de leur livrer leurs armes. Ils décidèrent de lui obéir, mais cependant ils confièrent leurs armes à ceux de leurs compagnons qui étaient restés cachés dans la montagne. Ils furent, aussitôt qu'ils parvinrent au village de Gellieh-Guzan, entourés par des réguliers turcs, qui les poussèrent à coups de sabre et de baïonnette dans une large fosse creusée près de là, dans un champ de millet. Pêle-mêle, morts et blessés vinrent s'entasser dans la tranchée profonde. On a trouvé plus tard, à quelque distance, le corps du père Ohannès et de deux notables qui avaient été séparés du gros de la troupe. Le prêtre avait eu la peau du crâne arrachée et rabattue sur le visage, les bras ne tenaient plus au corps que par des lambeaux de chair. Les deux notables avaient le nez et les oreilles coupés.

Cette boucherie dura vingt-trois jours; on ne sait encore quel a été le nombre des victimes, il a été fait devant la commission d'enquête la preuve du meurtre de 900 Arméniens, tout au moins; mais il est vraisemblable que 3000 ou 4000 au bas mot ont péri.

Vingt-deux villages ont été détruits, et si des secours venus d'Europe ne leur avaient pas permis d'ensemencer de nouveau leurs champs et de se rebâtir grossièrement quelques maisons, les survivants des massacres seraient morts de faim, de froid et de misère.

Le gouvernement turc nia les faits, et on alla jusqu'à dire que c'étaient les Arméniens qui, pour créer dans le pays un esprit d'hostilité contre le Sultan, avaient eux-mêmes incendié leurs maisons. Les ambassadeurs des grandes puissances insistèrent cependant à la fois et pour qu'une enquête fût faite qui déterminât la culpabilité et la responsabilité de chacun et pour que les réformes, toujours promises et jamais accomplies, qui donneraient aux sujets chrétiens de la Turquie les garanties nécessaires, fussent enfin réalisées.

De l'enquête, nous avons déjà parlé; malgré les conditions déplorables où elle fut conduite, malgré l'intimidation et les menaces dont usèrent envers les témoins, dont presque tous, du reste, avaient été cités sur leur requête, les commissaires et les fonctionnaires ottomans, elle établit clairement qu'il n'y avait pas eu de révolte des Arméniens, qu'ils n'avaient fait que se défendre contre les Kurdes, et que les troupes régulières avaient dévasté le pays et massacré ses habitants sans qu'aucun prétexte vînt légitimer la sauvage répression de crimes qui n'avaient pas été commis. Mais les coupables que chacun connaissait, et à commencer par Tashin-Pacha, vali de Bitlis, ne furent point inquiétés, et la faveur du Sultan ne se détourna pas d'eux.

Quant aux réformes, on n'en fit point. Le Sultan sembla accepter le projet que lui avaient soumis les ambassadeurs, le 11 mai, mais tout l'été de 1895 s'écoula en des négociations interminables où se révélait nettement la résolution arrêtée du Palais de n'aboutir point. On avait habilement répandu dans le peuple musulman le bruit que le Sultan allait être obligé de sacrifier les vrais croyants aux exigences inacceptables des infidèles étrangers, et on avait favorisé la formation de sociétés musulmanes, dont les membres étaient décidés à s'opposer à la mise en pratique des réformes.

Le 30 septembre, les Arméniens voulurent faire une manifestation pacifique pour hâter la publication de l'acte de réforme où ils mettaient naïvement leurs espérances. Le souverain, lorsqu'il apprit le projet qu'ils avaient formé et qui ne consistait cependant qu'à se rendre en cortège à la Sublime-Porte et à y déposer une requête, conçue en termes modérés, et dont communication du reste avait été donnée aux ambassades, en conçut une violente colère mêlée d'effroi. Il se refusa à ce que des troupes, qui protégeaient le Palais, fussent employées à un service d'ordre, comme le lui demandait le grand-vizir, Saïd-Pacha, qui voulait éviter un conflit, et les quelques centaines d'Arméniens qui formaient le cortège vinrent se heurter aux forces de la police, massées auprès de la Porte. On refusa aux manifestants de leur laisser déposer leur requête; ils insistèrent, on chargea contre eux à coups de sabre et de crosses de fusil; l'un d'entre eux tira, pour se défendre, un coup de revolver qui alla, par malheur, tuer le major turc Servet-

Pacha. Ce fut le signal du massacre. Pendant deux jours on tua dans les rues ; il fallut une intervention énergique des ambassades pour que cette boucherie prît fin.

Mais ce n'était que le prologue de la tragédie sanglante, aux multiples épisodes, qui allait désormais se jouer en Anatolie. La folie du meurtre gagna les provinces et, avant même que l'acte de réforme du 20 octobre, qui, du reste, n'a pas été mis sérieusement en vigueur, fût promulgué, on tuait un peu partout en Arménie et dans toute l'Asie-Mineure. Turcs des villes et des campagnes, Kurdes, Tcherkesses et Lazes, gendarmes et soldats se jetèrent à l'envi sur la population arménienne et massacrèrent à cœur-joie, avec, dans la plupart des cas, la complicité tacite des autorités locales, dont l'attitude était sans doute inspirée de plus haut, et parfois sur leur ordre exprès. Des fonctionnaires qui, comme Edhem-Pacha, le général qui commandait à Alep, comme le vali de Van, Nazim-Pacha, comme le mutessarif de Mouch, surent empêcher toute effusion de sang, méritent d'être cités parmi les hommes dont peut s'honorer l'humanité. Mais la liste en est courte et, d'ailleurs, ils furent disgraciés.

On ne se contenta pas de tuer seulement, on tortura ; dans les récits authentiques des massacres, il n'est question que de gens dépecés par morceaux, écorchés vifs, hideusement mutilés. Les jeunes filles et les femmes furent victimes des plus brutaux et dégradants outrages. On pilla les boutiques, les maisons de commerce, les banques ; on ne se contenta pas de s'emparer de l'argent, des bijoux des femmes, des marchandises, de prendre jusqu'aux boiseries des maisons, jusqu'aux nattes étendues sur le sol, on détruisit les effets de commerce, les valeurs, la correspondance commerciale, la comptabilité, et tout cela on le fit le plus souvent par ordre. Dans les villages, on enleva pêle-mêle les bestiaux et les jeunes filles, on détruisit les récoltes ; les ruisseaux sanglants charriaient, parmi les débris de chair humaine, des monceaux de blé carbonisé ; on arracha les arbres fruitiers ; partout on incendia à plaisir et les pompes jetèrent parfois sur les incendies du pétrole au lieu d'eau ; au mois de juin dernier enfin, le nouveau vali de Van eut recours à des procédés plus expéditifs encore : il fit détruire à coups d'obus les quartiers arméniens.

Le chiffre des victimes se monte actuellement à plus de

130 000, d'après des évaluations qui semblent modérées. Dans le tableau officiel dressé par les soins des six ambassades à Constantinople et où ne figurent d'ailleurs que les massacres de 1895, le nombre des morts est fixé à 25 000, mais on n'a admis que les chiffres de l'exactitude desquels les agents consulaires pouvaient personnellement répondre. Pour la moitié au moins des villes, et dans le nombre se trouvent quelques-unes de celles qui ont été le théâtre des plus affreux massacres, on n'a pas de données précises sur le nombre de ceux qui ont péri. Les villages ont été dévastés, plus de cent soixante ont été à demi détruits dans la seule plaine de Van, et il s'en faut de beaucoup que tous ceux qui ont été tués là soient portés sur cette sanglante statistique dressée par les consuls. Des renseignements sûrs, bien que n'émanant pas de sources officielles, permettent de croire que les victimes ont été aussi nombreuses dans la population des campagnes que parmi les habitants des villes.

Ce fut surtout pendant ces trois derniers mois de l'an dernier que sévit cette rage furieuse de meurtre dont toute la population musulmane d'Anatolie semblait enivrée. C'est à Ak-Hissar dans le mutessariflik d'Ismidt qu'eut lieu, le 2 octobre, le premier massacre. Le jour habituel du marché, le mudir d'Ak-Hissar avait persuadé aux Arméniens de remettre leurs armes aux autorités pour éviter toute occasion de rixe avec les musulmans. Puis, prenant prétexte d'une discussion survenue entre un Circassien et un marchand arménien, les Circassiens se jetèrent sur les Arméniens, en massacrèrent une cinquantaine, en blessèrent trente-trois et pillèrent le village. Cinquante autres Arméniens ont disparu. Les cadavres, horriblement mutilés, ont été jetés dans le fleuve Zakharia ou dans des puits.

A Trébizonde, le massacre a commencé à un signal donné par un coup de clairon ; aucune provocation n'est venue des Arméniens. C'est à un nouveau signal qu'il s'est arrêté. Seules les maisons des étrangers ont été respectées ; les pertes matérielles s'élèvent à environ 5 000 000 de francs. Les soldats ont aidé les massacreurs et les pillards dans leur tâche ; on a vu des officiers supérieurs faire charger des objets volés sur des voitures qui devaient les transporter chez eux.

Dans la caza de Terdjan, trois villages sur quarante ont seuls échappé à la dévastation. A Erzeroum, les Lazes et les Turcs tuent, le 30 octobre, plus de 400 Arméniens ; les soldats et les officiers participent ouvertement au massacre et au pillage. A Baibourt, plus de 650 Arméniens ont péri ; dans les villages des environs tous les hommes ont été tués ; plus de 165 villages ont été dévastés. M. Bergeron, consul de France à Erzeroum, a parcouru le pays de Baibourt à Gumuchhané, il a trouvé toute cette région entièrement ruinée. Les routes étaient sillonnées de bandes de femmes et d'enfants, errant sans nourriture ni vêtements. Près de Varzahan, il a vu enfouir dans une fosse les cadavres d'une centaine d'Arméniens. A Bitlis, où les massacres ont pris un caractère presque officiel et ont commencé et cessé au signal du clairon, il y a eu plus de 800 morts. Les troupes ont laissé dévaster par les Kurdes toute la plaine du Van ; 10 000 personnes y erraient l'hiver dernier sans abri et sans pain. A Khizan, on a converti de force à l'islamisme quelques Arméniens ; on les a ensuite obligés à tuer ceux de leurs parents qui n'avaient pas voulu apostasier. Les environs de Kharpout ont été ravagés par les Kurdes, qu'aidaient dans leur œuvre destructrice les soldats et les gendarmes ; plus de 60 villages ont été razziés. Dans la ville même, on a tué environ 600 Arméniens. A Arabkir, le pillage et l'incendie ont duré dix jours ; il y a eu 2 800 morts. Tous les habitants du village de Chenig ont été massacrés, à l'exception de six d'entre eux, qui ont pu se cacher ; à Ambargha, il n'y avait que trois survivants. A Malatia, on a tué 3 000 Arméniens avec l'autorisation, au moins tacite, du mutessarif. A Diarbékir, le carnage, auquel ont eu large part les soldats et les zaptiehs a duré trois jours ; il a fallu l'intervention énergique de l'ambassadeur de France auprès du Sultan pour qu'il prît fin. Le massacre avait, du reste, été préparé de longue main par le vali et les chefs kurdes. A Sivas, on a massacré 1 500 personnes à coups de fusil, de hache et de barre de fer ; toutes les boutiques ont été pillées, la ville est ruinée. A Gurun, quatorze jours après les massacres, 1 200 cadavres gisaient encore dans les rues sans sépulture. Cent cinquante femmes et jeunes filles ont été enlevées. Dans la région de Chabin Kara-Hissar, il y a eu plus de 3 000 morts. Les femmes et les jeunes filles ont été outragées avant d'être massacrées. Tous les villages de la plaine d'Ard-Ova ont été brûlés ; les pillards ont arrosé de pétrole, pour les rendre inutilisables, les provisions d'hiver qu'ils ne pouvaient emporter; les troupes ont participé à toutes ces dévastations. A Amasia (un millier de victimes), à Marsivan, à Vezir-Keupru, ce sont les mêmes scènes de carnage. A Aïntab, les rédifs (soldats de réserve) et les Hamidieh ont tué, mêlés aux Kurdes, plus de 1 000 Arméniens. A Marach, 4 500 victimes sont tombées sous les coups de la foule furieuse qu'encourageaient les fonctionnaires turcs ! La ville de Biredjik a été livrée aux flammes; à Orfa, on a brûlé vifs *trois mille femmes et enfants*, réfugiés dans une église, et cela avec le consentement, sinon sur l'ordre exprès des autorités. La troupe régulière elle-même, sous la conduite de ses officiers, a mis à sac l'hospice de Mudjuk-Deressi, près de Yenidjé-Kalé; le couvent des Franciscains est détruit, les religieux ont été massacrés, les maisons du village incendiées. On compte 600 morts dans la région. Dans le sandjak de Césarée, les habitants de 45 villages chrétiens ont été massacrés. A Césarée même, le pillage, l'incendie et le carnage ont duré deux jours; les femmes et les enfants ont été outragés et chassés nus dans les rues, des vieillards ont été brûlés vifs dans leurs maisons.

Avec le mois de janvier 1896, l'ère des grands massacres semblait close, et l'on s'était remis à tuer en détail comme autrefois. Mais en juin, la ville de Van fut le théâtre d'une exécution militaire plus sanglante que tous les carnages de l'autre automne : 20 000 morts ont jonché le sol. Et maintenant un demi-million d'hommes, d'enfants et de femmes, sans abri, sans vêtement et sans pain, errent à travers le pays, victimes offertes aux rigueurs du cruel hiver d'Arménie. Si le froid les épargne, ils mourront sans doute sous les coups des Kurdes ou des gendarmes turcs; ni les soldats, ni les nomades n'ont encore perdu le goût de tuer et Eghin qui avait pu acheter naguère son salut moyennant une rançon de 15 000 l. t. (35 000 fr.) a été dévastée à son tour le 15 septembre dernier par le meurtre et l'incendie. On dit qu'il y a 1 500 victimes, mais ce chiffre est probablement très inférieur à la réalité. Plus de 50 femmes se sont jetées dans l'Euphrate pour échapper aux outrages des soldats. Et Constantinople même a ruisselé de sang. A la suite d'un attentat que quelques Arméniens exaspérés, ivres de désespoir, avaient commis contre la Banque ottomane, des bandes d'assommeurs se sont répandues par les rues, et pendant trois jours on a tué sur l'ordre de la police. On ignore encore le nombre exact des morts, mais il est probable qu'il dépasse 10 000. Sans les remontrances énergiques des ambassadeurs, pas un Arménien mâle ne serait resté vivant.

Et cependant, ce serait une erreur de rendre responsable de ces hideuses tueries l'islamisme ou même le peuple turc tout entier. Les imams et les muftis ont souvent cherché à préserver les chrétiens contre la fureur des massacreurs, des Turcs courageux ont accueilli chez eux et défendu au péril de leur vie leurs voisins arméniens, le parti de la jeune Turquie rougit de honte et de colère devant tout ce sang versé, des Kurdes même ont loyalement protégé ceux qu'ils avaient promis de défendre, des fonctionnaires ont préféré leur propre disgrâce à l'exécution d'ordres qui violaient la justice et l'humanité. La responsabilité terrible de ces massacres, ceux-là seuls la doivent porter, dans l'empire turc, qui les ont désirés à coup sûr, conseillés sans doute et peut-être ordonnés. Mais peut-on sérieusement soutenir que cette responsabilité, nul ne la partage avec le souverain que naguère M. Gladstone flétrissait d'une sanglante et outrageuse épithète, qu'on voudrait pouvoir dire injustement appliquée? L'Europe avait le devoir d'intervenir en faveur des Arméniens auprès du Sultan et de donner à son intervention une forme qui lui permit d'être efficace et de ne point demeurer une protestation vaine, une platonique manifestation de sympathie pour les victimes, une réprimande courtoise adressée aux bourreaux; elle avait le devoir de sauver du déshonneur, de la conversion forcée à une foi que repousse sa conscience, de la ruine et de la mort, une population dont la seule faute a été de se laisser égorger sans résistance, ce n'était pas pour elle un devoir moral seulement, c'était une obligation juridique précise, une obligation que consacrait un engagement solennel, sanctionné par des traités. Elle pouvait, si elle l'avait voulu, faire ce qu'elle devait; elle le pouvait, mais elle ne l'a pas voulu. Et si l'Europe n'a pas agi, ce n'est pas que quelques-unes des grandes Puissances n'en aient eu bonne intention et ferme désir, mais l'inertie ou la mauvaise volonté des autres a empêché toute intervention collective utile et il est certain qu'une intervention isolée était impossible. Si les hommes d'État dont la volonté arbitraire et les calculs politiques ont livré aux yatagans turcs ces milliers d'innocentes victimes peuvent dormir d'un tranquille sommeil, ils ont vraiment des consciences que les scrupules ne troublent point (1).

(1) L'interpellation de MM. Denys Cochin et de Mun, qui a eu lieu le 3 novembre, a amené M. le Ministre des affaires étrangères a faire à la tribune de la Chambre des déclarations qui constituent de véritables engagements envers la France et envers l'Europe, et l'éloquent discours de M. Jaurès a soulevé dans le pays tout entier une émotion qui sera lente à s'apaiser et a provoqué une sorte de réveil de la conscience publique. Sur les pressantes instances de notre ambassadeur à Constantinople, le Sultan a renouvelé les promesses qu'il a faites si souvent — et qui jusqu'ici ont été suivies de si peu d'effets. — Il faudrait qu'on y pût avoir pleine confiance. Mais les nominations récemment faites, celle de Chefik-Bey, l'ancien président de la Commission d'enquête sur les massacres des Sassounkh, comme ministre de la police, de Khalid-Bey comme vali de Diarbékir, qui tous deux ont participé à l'acquittement scandaleux du chef kurde Moussa-Bey et qui sont connus comme les tenants de la politique sanglante pratiquée en ces dernières années, ne sont pas de nature à inspirer l'espoir que les réformes dont la France, l'Angleterre et la Russie demandaient l'application immédiate dans le memorandum du 11 mai 1895, soient de longtemps mises en vigueur. Jamais cependant la situation n'a exigé d'une manière plus urgente que des garanties soient données aux Arméniens pour leur sécurité personnelle. Le 5 novembre, deux jours après l'interpellation de MM. Denys Cochin et de Mun, un nouveau massacre avait lieu à Everek près de Césarée. Des dépêches qui, pendant plusieurs semaines, n'ont pas été démenties, fixaient à 2 000 le nombre des morts. D'autres informations plus récentes indiquent un chiffre beaucoup moins élevé, mais la preuve n'est pas faite qu'elles soient plus exactes. Ce qui demeure hors de conteste, et c'est là l'important, c'est le fait même du massacre.

Dole. — Typographie L. Bernin.

www.ingramcontent.com/pod-product-compliance
Lightning Source LLC
Chambersburg PA
CBHW070458080426
42451CB00025B/2788